COLLECTION PATURLE

TABLEAUX

MODERNES

CATALOGUE ILLUSTRÉ

Prix : 10 fr.

AU PROFIT DES PAUVRES

TABLEAUX

MODERNES

DONT LA VENTE AURA LIEU

HOTEL DROUOT, *Salles n*^{os} *8 et 9*

Le Mercredi 28 Février 1872

A DEUX HEURES ET DEMIE PRÉCISES

EXPOSITIONS :

PARTICULIÈRE	PUBLIQUE
Les Dimanche 25 et Lundi 26 Février 1872	*Le Mardi 27 Février 1872*

DE UNE HEURE A CINQ HEURES

COMMISSAIRES-PRISEURS :

Me **CHARLES PILLET.**	Me **LÉCOCQ,**
10, rue de la Grange-Batelière.	Rue de la Victoire, 20.

EXPERT :

M. FRANCIS PETIT, rue Saint-Georges, 7,

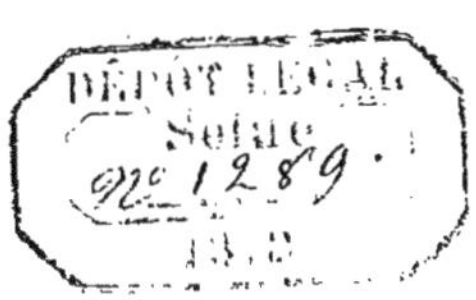

DÉSIGNATION

ADAM

(LES FRÈRES)

1 — **Les Quatre Parties du monde (quatre panneaux de décoration).**

L'Europe, l'Asie, l'Afrique et l'Amérique sont représentées par des attributs de nature particulière : fleurs, fruits, armes, instruments de musique, composant des trophées.

Haut., 290 cent.; larg., 138 cent.

BRASCASSAT

2 — Animaux aux champs.

Une vache blanche tachetée de roux broute l'herbe de la prairie ; plus loin, une vache couchée et une autre debout ; à droite, une chèvre, et une quantité d'autres animaux au-bord d'une rivière qui traverse tout le paysage.

L'horizon s'étend au loin borné par une suite de collines.

Tableau d'une très-belle qualité.

Daté 1836. Haut., 80 cent.; larg., 100 cent.

Animaux aux champs.

Pâturage du parc de l'Ormois.

BRASCASSAT

3 — Pâturage du parc de Lormois.

Le pâturage, ombragé de quelques arbres, s'étend jusqu'aux bâtiments de la ferme; au-delà commence le parc, et sur une hauteur est construit le château; au premier plan, à droite, un taureau debout au milieu de vaches couchées; à gauche, une vache vient boire à une mare; plus loin, sous les arbres, d'autres vaches debout.

Daté 1851. Haut., 87 cent.; larg., 129 cent.

DECAMPS

4 — Enfants turcs jouant avec une tortue.

Trois petits enfants assis à terre, près de la vasque d'une fontaine, tourmentent une tortue ; au second plan, derrière la fontaine, arrive une femme portant un vase sur la tête.

Le chaud soleil de l'Orient éclaire tout ce tableau dont la composition est très-pittoresque.

Haut., 33 cent.; larg., 41 cent.

Enfants turcs jouant avec une Tortue

Decamps

Ed. Hédouin sc.   Imp. A. Salmon, Paris.

Anes au repos (Scène d'Orient)

DECAMPS

5 — Anes au repos, scène d'Orient.

Des ânes, encore chargés de leur selle et de bagages, sont arrêtés sous un hangar supporté par des colonnes de pierre ; un jeune garçon qui les garde est assis à terre près d'eux, tandis que les voyageurs gravissent un escalier qui conduit à une habitation aux murs éclatants de blancheur et près de laquelle un homme est assis.

A droite, au second plan, d'autres habitations éclairées également par la lumière vive du soleil.

Daté 1833. Haut., 42 cent.; larg., 72 cent.

DE DREUX

(ALFRED)

6 — **Jument cherchant à défendre son poulain attaqué par un dogue.**

La scène se passe dans une écurie; un dogue s'est élancé au poitrail d'un jeune poulain qui se cabre sous son étreinte ; la jument, attachée au ratelier, cherche à le défendre.

Haut., 73 cent.; larg., 90 cent.

Delacroix (Eugène).

Les Natchez

DELACROIX

(EUGÈNE)

7 — Les Natchez.

« Fuyant le massacre de leur tribu, deux jeunes sau-
« vages remontent le Meschacebé ; pendant le voyage,
« la jeune femme a été prise des douleurs de l'enfante-
« ment. Ils ont quitté leur pirogue. Le père, agenouillé
« sur le sable, tient dans ses bras l'enfant nouveau-né,
« que la mère, à demi étendue à terre regarde avec
« attendrissement. »

Épisode d'Atala, CHATEAUBRIAND.

Salon de 1835. Haut., 90 cent.; larg., 116 cent.

DESTOUCHES

8 — L'Amour médecin.

Tout le monde connaît cette charmante composition qui fut exposée au salon de 1831 avec cette notice :

« Un jeune homme d'une famille riche étant devenu « amoureux de la fille d'un de ses fermiers, et n'ayant pu « obtenir de ses parents de l'épouser, en est tombé grave- « ment malade. Sa mère se détermine alors à aller trouver « la jeune paysanne qu'il aime et elle l'amène près de lui.

« Au chevet du lit se trouvent la grand'mère du malade « et le médecin de la famille. »

Haut., 125 cent.; larg., 153 cent.

GRÉNIER

9 — Les Projets de mariage.

Après déjeuner, deux fermiers causent mariage, il s'agit certainement de la jeune fille qui apporte sur la table un plat de fruits, et que sa mère désigne du doigt; mais elle détourne les yeux vers la cheminée devant laquelle est assis un jeune homme.

Dans le fond, une servante range divers objets.

Daté 1836. Haut., 112 cent.; larg., 145 cent.

ISABEY

10 — Après le Naufrage.

La tempête est apaisée, la mer en se retirant laisse voir une grande barque de pêche échouée contre les immenses rochers qui bordent la côte ; des débris de toutes sortes jonchent le rivage, une femme, une jeune fille et deux enfants contemplent la mer avec désespoir.

Cette toile capitale d'Isabey est d'un grand effet, le ciel encore chargé de nuages noirs commence à s'éclaircir à l'horizon et laisse percer un rayon de soleil.

Daté 1836. Haut., 128 cent.; larg., 178 cent.

Isabey

Rameng sc.   Imp. A. Salmon, Paris.

Après le Naufrage

Tobie recevant Sara de la main de son père

LEHMANN

(HENRI)

11 — Tobie recevant Sara de la main de son père.

« Raguel appela sa fille et sa femme qui se mirent à pleurer, et dit : « J'espère que Dieu aura exaucé mes prières « et chaudes larmes et qu'il t'a laissé venir pour que tu « le prennes, car tu es son parent et elle est ta parente. »

« Il prit la main de sa fille et la mit dans la main de Tobie « en disant : Prends-la selon la loi de Moïse ; que le Dieu « miséricordieux d'Abraham, d'Isaac et de Jacob soit avec « vous et vous fasse prospérer en tout bien. »

(Livre de Tobie.)

Daté 1836. Haut., 148 cent.; larg., 195 cent.

MASSÉ

12 — Les Aumônes, scène italienne.

La scène se passe à Rome ; des religieux de l'ordre des Franciscains distribuent leurs aumônes habituelles à des femmes, des vieillards et des enfants rassemblés devant la porte du couvent dont les murs et les terrasses s'étendent à droite.

On aperçoit au fond le dôme de l'église Saint-Pierre.

Daté 1823. Haut., 139 cent.; larg., 183 cent.

MEISSONIER

13 — Bourgeois flamands.

Deux gentilshommes flamands viennent rendre visite à un vieillard, tous trois sont assis et causent.

Près d'eux est une table couverte d'un tapis vert et sur laquelle on voit un pot de grès et trois verres.

Cette petite toile, *le premier tableau* du peintre, a été exposée en 1834.

Haut., 18 cent.; larg., 25 cent.

ROBERT

(LÉOPOLD)

14 — Les Pêcheurs de l'Adriatique.

Ce tableau, célèbre à juste titre, est daté 1834 ; n'ayant pu figurer au salon de 1835, il fut exposé au profit des pauvres dans une des salles d'une mairie de Paris.

Nous empruntons la notice suivante au catalogue de cette exposition :

« Ce tableau représente *le départ pour la pêche de long-*
« *cours sur l'Adriatique.* Le lieu de la scène est *Chioggia,*
« près de Venise ; et l'instant choisi par le peintre est celui
« où *les pêcheurs,* encore à terre, font les préparatifs du
« départ.

« Au milieu du tableau et au sommet de la composition
« se détache sur des nuées claires le patron de l'embarca-
« tion ; dans sa main droite il tient les instruments de la
« pêche de nuit, tandis que de la main gauche il donne un
« ordre relatif au départ. Près de lui sont deux enfants :
« l'un âgé de dix ans et vêtu de sa capote de mer ; l'autre,
« plus jeune, portant la lanterne et un tableau de la Madone.
« Ce dernier, l'œil attaché sur le patron, semble le suivre
« pas à pas, dans la crainte d'être laissé à terre, et de ne
« pas faire partie de l'expédition.

Les Pêcheurs de l'Adriatique

« Sur le devant, au-dessous de ce groupe, est un jeune et
« beau pêcheur déroulant un énorme filet. Ce personnage,
« le groupe dont il a été question, et deux ou trois autres
« marins qui portent des provisions dans la barque ou qui
« en préparent les agrès, forment la partie active de la
« composition. Toutes les autres figures, celles de trois
« hommes à droite, et les trois femmes à gauche, servent à
« développer ce qu'il y a de dramatique, de touchant, et,
« il faut bien le dire, de si profondément triste dans l'en-
« semble de ce tableau.

« Sur la droite, on remarque un homme dans la force de
« l'âge, debout, mais appuyé et tenant sous son bras la
« boussole, il tourne ses grands yeux noirs vers le ciel ;
« son regard semble moins chercher ce que présage le vent
« que l'avenir. Près de lui un autre jeune homme, son frère
« peut-être, assis et replié sur lui-même, tient des instru-
« ments de pêche et regarde fixement devant lui, mais sans
« rien voir.

« A gauche, vers l'autre extrémité du tableau, est une
« vieille femme assise. Son regard est penché vers la terre,
« et sur les traits de son visage, comme dans toute l'atti-
« tude de son corps, l'artiste a empreint le découragement,
« compagne ordinaire de la douleur chez les vieillards. A
quelque distance de cette vieille est une jeune femme
« tenant son enfant dans ses bras, et, plus loin, une jeune
« fille. La pauvre mère, immobile et muette de chagrin,
« presse son enfant, sans oser lever les yeux vers son mari,
« ses frères et son père. On sent que sa douleur est si forte
« qu'elle ne peut pas pleurer.

« Le peintre a mis un art infini à ménager les mouvements
« vifs qui se rapportent directement aux apprêts du départ,
« parce que son idée principale était de rendre le malaise,
« les angoisses de l'âme, dont ceux qui partent, comme ceux

« qui restent, sont accablés au moment où ils vont se sé-
« parer, à l'instant où leur imagination allonge et grossit la
« durée et les périls d'une entreprise dont il est im-
« possible de prévoir les résultats. Cette appréhension de ne
« plus se revoir, ce chagrin sourd et amer causé par une
« séparation tout à la fois forcée et volontaire, sont rendus,
« dans le tableau des *Pêcheurs*, avec une profondeur, une
« énergie et une simplicité qui font de cette scène une com-
« position incomparable. »

Haut., 185 cent.; larg., 242 cent.

ROQUEPLAN

15 — La Souscription hollandaise.

En 1658, les environs de Saardam furent inondés pa.
une digue rompue, et les paysans ruinés; la générosité
des Hollandais fut si grande, que les inondés furent plus
riches qu'avant léur malheur.

Le tableau représente le moment où chacun apporte
son offrande, les bureaux sont remplis de gens qui
attendent ou qui se pressent autour des tables où sont
assis les receveurs.

Tableau plein d'effet et de lumière, daté 1836, et connu
longtemps à tort sous le titre du *Payeur de rentes*.

Haut., 48 cent.; larg., 66 cent.

SCHEFFER

(ARY)

16 — Marguerite sortant de l'église.

« Par le ciel, cette enfant est belle ! Je n'ai jamais rien
« vu de semblable ; elle est si pure et si modeste.

. . . .

« Il y a de quoi enthousiasmer ! »

FAUST, *tragédie de Gœthe.*

Marguerite descend les marches de l'église, suivie de
la foule des fidèles. Elle est toute vêtue de blanc, tenant
sur sa poitrine son livre de prières. Faust la désigne du
doigt à Méphistophélès.

Cette toile capitale est certainement une des plus com-
plètes de l'œuvre de Scheffer.

Daté 1838. Haut., 217 cent.; larg., 136 cent.

Marguerite sortant de l'Eglise

Marguerite à l'Église.

SCHEFFER

(ARY)

17 — Marguerite à l'église.

« Hélas ! hélas ! si je pouvais échapper aux pensées
« qui me poursuivent et s'élèvent contre moi ! »

FAUST, tragédie de Gœthe.

Marguerite, vêtue de noir, est agenouillée sur son banc
de prières. Sa tête est appuyée contre le pupitre, son
livre est tombé à ses pieds, ses deux mains sont jointes,
mais elle ne peut plus prier.

A côté d'elle, sont d'autres fidèles debout ou age-
nouillés ; au fond le prêtre qui officie à l'autel.

Cette toile, de même importance que la précédente,
est aussi belle et renferme toute la qualité du peintre.

Daté 1832. Haut., 277 cent.; larg., 136 cent.

SCHEFFER

(ARY)

18 — Faust dans son cabinet...

(Réduction.)

« J'ai étudié, hélas ! avec de pénibles efforts, la philo-
« sophie, la jurisprudence, la médecine, et malheureuse-
« ment aussi la théologie ! Me voilà maintenant, pauvre
« fou ! aussi sage qu'avant.

« Je vois que nous ne pouvons rien savoir, et cela me
« consume le cœur ! »

FAUST, *tragédie de Gœthe.*

Haut., 24 cent.; larg., 18 cent.

SCHEFFER

(ARY)

19 — Marguerite au rouet.

(Réduction.)

« Le repos s'est enfui de mon cœur oppressé ; je ne le
« retrouverai jamais, plus jamais.
    « Là où il n'est pas, c'est la tombe pour moi ; le monde
« entier m'est devenu amer. »

FAUST, *tragédie de Gœthe.*

Haut., 24 cent.; larg., 18 cent.

SCHEFFER

(HENRI)

20 — La Lecture de la Bible.

Un ministre protestant fait la lecture de la Bible en présence de toute sa famille assemblée.

Le livre est ouvert sur une table devant lui ; à droite est assise sa femme dans un grand fauteuil contre lequel son gendre est appuyé ; en face de lui sa fille tient sur ses genoux un enfant qu'elle berce ; une petite fille est debout près d'elle ; un troisième enfant, assis par terre, s'occupe de ses jouets ; enfin, dans l'arrière-plan, une servante s'adonne aux soins du ménage.

Daté 1833. Haut., 74 cent.; larg., 94 cent.

SCHEFFER

(HENRI)

24 — Jeanne d'Arc conduite au supplice.

> « A qui réserve-t-on ces apprêts meurtriers?
>   « Pour qui ces torches qu'on excite?
>   « L'airain sacré tremble et s'agite...
> « D'où vient ce bruit lugubre? Où courent ces guerriers
>   « Dont la foule à longs flots roule et se précipite? »
>
> MESSÉNIENNES, *Casimir Delavigne.*

Debout sur une charrette, entre des moines, dont un lui montre le ciel, Jeanne prie, les deux mains jointes et les yeux levés vers le ciel. Des soldats, escortant la voiture, ont peine à retenir la foule qui crie, s'agite, et menace.

Collection de M. le duc d'Orléans.

Daté 1855. Haut., 56 cent.; larg., 98 cent.

TROYON

22 — Animaux fuyant l'orage.

Un troupeau de moutons, affolés, fuyant l'orage, se précipite dans le chemin, suivis de trop près par deux vaches qui menacent de les écraser; leur conducteur les arrête en les frappant de grands coups. Un chien noir aboie après elles.

Le ciel, couvert de nuages noirs qui annoncent l'orage, est encore clair à l'horizon.

La scène est superbe de mouvement et peinte avec toutes les qualités d'un grand maître. C'est une œuvre énergique et très-capitale.

Daté 1855. Haut., 128 cent.; larg., 192 cent.

Animaux fuyant l'Orage

ULRICH

23 — Paysage, soleil couchant.

Haut., 94 cent.; larg., 125 cent.

24 — La route de la Corniche au lever du soleil.

Haut., 42 cent.; larg., 52 cent.

25 — Petit port en Italie, soleil couchant.

Haut., 42 cent.; larg., 52 cent.

VAN OS

(G. J. J.)

26 — Fleurs et Gibier.

Du gibier mort et des fleurs de toutes espèces groupés sur une table de pierre et contre un piédestal.

Daté 1830. Haut., 100 cent.; larg., 82 cent.

27 — Paysage, route dans une forêt.

Haut., 41 cent.; larg., 33 cent.

Le Décaméron

WINTERHALTER

28 — Le Décaméron.

Ce tableau est trop célèbre pour qu'il soit besoin de le décrire, disons seulement quelques mots du sujet.

L'an 1348, la peste désola Florence et lui enleva plus de cent mille habitants ; tous les citoyens notables quittèrent la ville.

Boccace raconte alors qu'une société de jeunes dames et de jeunes seigneurs s'étaient réfugiés dans une élégante villa, située sur une colline, à une lieue de la ville, et un peu éloignée des grands chemins, pour y vivre à l'abri de la contagion et passer dans les plaisirs leur temps d'exil salutaire.

Il fut décidé, en arrivant, que chacun serait élu roi ou reine pour un jour, serait chargé de l'intendance des amusements, et devrait raconter une histoire ou en inventer une s'il n'en savait pas.

On ne saurait rien imaginer de plus séduisant et de plus gracieux que ce tableau.

Salon de 1837. Haut., 174 cent.; larg., 238 cent.

STATUES EN MARBRE

29 — **La Vénus de Médicis.**

Haut., 160 cent.

30 — **Amour assis, tenant une lyre.**

Haut., 60 cent.